Lb⁴¹ 1499.

LIBERTÉ. ÉGALITÉ.

FRATERNITÉ OU LA MORT.

# SANÇEY,

*Chef du deuxième Bataillon de la Moselle;*

EN RÉPONSE

# A LAVER,

*Capitaine audit Bataillon.*

JE suis accusé d'être un libelliste; citoyens et frères d'armes, jugez-moi.

Je suis en arrestation depuis le 19 floréal : c'est le citoyen *Auburtin*, Sous-lieutenant, qui est mon dénonciateur, c'est la récompense de ce que l'ayant forcé d'avouer son improbité, je me suis contenté de l'admonester gravement au lieu de le flétrir devant les tribunaux.

Il récrimine en disant que je suis un brutal qui l'ai traité de *gueux et de coquin* ; s'il l'a mérité, sa plainte ne tournera-t-elle pas à sa confusion ? c'est ce que nous verrons au procès. Les griefs qu'il m'oppose n'étaient pas d'une nature assez grave pour mériter un mandat d'arrêt ; mais d'autres dénonciateurs, dont les noms ne sont pas connus au bataillon quoiqu'ils s'en soient dit, y ont ajoutés d'autres *faits* que je dément par pièces autentiques et irrécusables : cependant je ne puis voir la fin d'un procès dont je demande à grands cris l'issue.

C'est, dit-on, une série de questions dont on ne peut obtenir le retour ; mais pourquoi ne pas la renouveller si elle est perdue ? *Bref :* je gémis depuis sept mois dans les fers, sans pouvoir en calculer la fin.

Voilà ce que j'ai déjà osé appeler de l'intrigue, et qui est vraiment une perfidie de la part de mes ennemis. Après avoir publié ma conduite justificative, appuyée de pièces probantes que j'ai entre les mains, j'ai dis, sans nommer personne, page 2.

« Si une conduite probre, pendant douze ans de ser-
» vice, sous l'ancien régime, que j'ai quitté dans le
» grade d'Adjudant-sous-officier ; si à un congé hono-
» rable je puis ajouter un certificat de mes chefs, qui
» atteste voir mon départ, à regret, au moment où ils
» se proposaient de récompenser ma conduite et mes
» talens militaires par un avancement certain ; si les pei-
» nes et les soins que j'ai pris en instruisant le bataillon,
» m'ont mérité un avancement subséquent, jusqu'au
» grade d'Adjudant-sous-officier, puis enfin la place de
» Commandant du bataillon à la presque totalité des

» suffrages de mes frères d'armes; si, esclave de mes
» devoirs, j'ai voulu que mes subordonnés m'imitassent;
» si j'ai maintenu l'ordre, la discipline, et rectifié la
» comptabilité qui était en désordre ; si d'avoir fait ren-
» trer en coisse une somme de 1096 liv. 5 sols 10 den.,
» provenant d'une masse des hommes morts ou désertés,
» et des pertes occasionnées par la mauvaise administra-
» tion des compagnies; si d'avoir voulu savoir où avait
» été employée une somme de 28,000 liv., qui avait
» été avancée au bataillon pour son équippement,
» lorsqu'on voulait faire une demande de 30,000 livres
» pour le même objet, et m'y être opposé, et avoir prouvé
» que plusieurs chefs de compagnies avaient reçu entre
» eux une somme de 3000 liv. de plus que leurs avan-
» ces, de laquelle somme ils n'avaient rendu aucun
» compte.

» Si d'avoir plusieurs fois invité par mes lettres le co-
» mité de surveillance et la société populaire de Metz,
» de faire rejoindre des Officiers qui s'étaient absentés du
» corps pour des maladies provenant de la suite de leurs
» honteuses débauches, d'autres par une habituelle férie
» lors des vendanges, qui les faisait rester dans l'oisiveté
» chez eux, tandis que leurs frères d'armes étaient jour-
» nellement dans les combats; si pour n'avoir pas fait
» un bon accueil à ces Officiers qui n'ont pas eu la gloire
» de coopérer à chasser les ennemis du territoire de la
» République; Si, dis-je, tous ces faits dénotent un mau-
» vais citoyen, je suis le plus coupable des hommes, et
» j'ai mérité punition : mais au contraire, si après avoir
» mérité l'estime de mes semblables, je n'ai obtenu que

» leur haine, leur injustice et leurs mauvais procédés à
» mon égard me vengent et les accusent.

» Ma nomination au grade de Chef de bataillon a dé-
» plu aux ambitieux ; ma sévérité aux ennemis de la dis-
» cipline, ma clairvoyance dans la comptabilité, à ceux
» qui aiment pécher en eau trouble : voilà mon seul tort.
» Mais celui dont ils ne m'accusent pas, c'est mon trop
» d'indulgence. J'osais espérer leur conversion, j'ai pré-
» féré la remontrance fraternelle à la sévérité des loix,
» et les serpens que j'ai voulu civiliser, sifflent vénéneu-
» sement contre moi. Lecteurs, il vous est aussi facile de
» connaître les motifs pour lesquels je suis persécuté,
» qu'il m'est facile de prouver mon innocence et la nul-
» lité des accusations portées méchamment contre moi.

» Puis, page 8, en nommant *Laver* : ce nouveau con-
» seil s'empressa vivement de rappeler le citoyen *Laver*,
» Capitaine, chargé de l'administration de l'habillement
» et équippement, pour venir prendre le commandement
» du bataillon. Ce point de vue était combiné, l'ambi-
» tion de ce capitaine bien connue, et propre non seu-
» lement à soutenir la faction secrète, mais encore à la
» diriger. S'il n'y avait pas eu de machination combinée,
» aurait-on rappelé *Laver*, lui qui n'a jamais été au ba-
» taillon pour son service ? Tout le monde ne sait-il pas
» qu'il a laissé le commandement de sa compagnie, pour
» courir à la suite de Miasinski, pour obtenir une place
» plus lucrative, que ce traître lui avait promise, et que
» toutes les fois qu'on l'a sommé de rejoindre le corps,
» il avait toujours quelques accidens en route qui le for-
» çait de retourner à Metz, ou rester éloigné du batail-

» lon : tantôt c'était sa voiture qui l'avait jetté dans un
» fossé avec son ami Poulmaire; tantôt c'était son cheval
» qui le jettait en bas et qui lui avait fait plusieurs con-
» tusions ; enfin pour cette dernière fois seulement, il a
» voyagé promptement et heureusement, et résisté aux
» fatigues de la guerre, mais grace à son ambition, car,
» s'il avait su ne pas avoir ma place, il n'aurait pas été si
» empressé d'aller essayer de coucher au bivouac, lui qui
» n'a presque pas encore couché sous la toile. Tous les in-
» dividus du bataillon savent également comme moi, qu'en
» 1792, au camp de Sedan, il avait loué une chambre en
» ville, et qu'il fut imité par ceux de sa trempe..... A Blis-
» castel, en août 1793, il y loua aussi une chambre; enfin
» à Hornebach, environ trois semaines de temps, a cou-
» ché sous la toile ou dans une barraque de terre, ont suffi
» pour attirer sur lui la commisération du conseil pour
» l'envoyer commander le dépôt, seule place à laquelle
» il a paru propre. Ne voit-on pas visiblement l'ambition
» dudit *Laver*, et elle a été si marquée, qu'il a voulu
» empêcher sous-officiers et soldats qui m'étaient les
» plus attachés, d'avoir correspondance avec moi (1);

---

(1) Il s'opposa de tous les temps, à toutes les propositions faites au conseil, qui pouvait tendre à mon avantage à justifier la fausseté de l'accusation portée contre moi par quatre individus anonymes; et notamment lorsque j'ai demandé au conseil une déclaration ainsi conçue.

Sancey, est-il *suspendu*, *destitué*, *remplacé* ? Par quel ordre et à quelle époque? Il n'a rien moins fallu que l'autorité du général Hatry pour l'y obliger; encore eut-il grand soin d'éluder la première question pour la rendre nulle?

» il a même porté l'inpudence jusqu'à punir un d'entre
» eux qui avait été rédacteur d'une adresse qu'ils m'ont
» envoyée, espérant par-là me faire oublier de tout le
» monde, et que tôt ou tard son ambition triompherait.
» N'est-ce pas-là un trait de vrai despote » ?

Voilà mes seules plaintes : voyons si ces vérités certaines méritent que *Laver* s'insurge pour m'appeler un libelliste dans un mémoire de 22 pages, commençant par ces mots : *Mettre sous les yeux de ses concitoyens*, et finissant par ceux-ci : *l'appanage le plus précieux de l'homme en société.*

Je vais écarter toute supercherie, et remettre le Capitaine *Laver* à sa place, puisqu'il m'y force. Jamais je n'ai accusé *Laver* d'être complice de Miasinsky. J'ai seulement dit qu'il avait abandonné sa compagnie pour ajouter à ses appointemens ceux d'Adjoint à la suite de ce Général à l'armée du Nord : ne voilà-t-il pas que le Capitaine *Laver*, pour se justifier, s'enferre lui-même, il dit, page 6, voici ses propres termes : *Certains pressentimens me firent quitter ce Général long-temps avant sa trahison pour rejoindre mon corps* (2).

―――――

(2) Le citoyen *Laver* déclare bien positivement que c'était pour rejoindre son corps qu'il a quitté ce Général, et ensuite il dit : qu'une luxation très-dangereuse ne lui permit d'aller jusques chez lui, et qu'il fut obligé de rester à Bouzonville jusqu'à la possibilité de se transporter ailleurs : et dans le paragraphe suivant, il dit encore : de retour à Metz, près mon épouse, j'essuyai un nouvel accident, etc..... Passe-t-on par Bouzonville pour venir de la Belgique à Metz ? O *Laver*, quelle réflexion !

Les trahisons de Miasinsky étaient connexes avec celle de *Dumourier :* tu les a pressentis, tu ne les a pas dénoncés ; tu t'es contenté de fuir et laisser le temps à ces traîtres d'exécuter leurs projets, et à l'un de s'en assurer l'impunité par la fuite ? O *Laver*, combien serais-tu coupable ? voilà pourtant le symbole de tes écrits, mais je ne puis y croire. Je ne puis te présumer assez scélérat, et je dois tout attribuer à la plume vénéneuse de ce vil calotin qui n'a pas plus de bonne foi que de conséquence.

Tu as quitté Miasinsky pour rejoindre ton corps long-temps avant leurs trahisons : mais leurs trahisons ont eu lieu en mars 1793, et ce n'est qu'à la fin d'avril qu'une luxation très-dangereuse à la jambe droite, suite d'une chûte de cheval, t'obligea de rester à Bouzonville : tes propres écrits t'enferrent encore, puisqu'ils constatent la diligence que tu as mis pour rejoindre tes drapeaux, ton empressement pour partager les périls et les lauriers de tes frères d'armes, sur-tout quand on saura que tu étais déjà à Metz dans le mois de janvier.

Tu commence par dire que mon mémoire, prétendu justificatif, n'a rien de commun avec les crimes qu'on m'impute, et dont tu t'abstiens de parler. Cependant, tu dis à la fin qu'on m'accuse d'avoir volé un cheval : lors de mon jugement je prouverez que je ne l'ai possédé que par bon ordre, et cette justification vaudra mieux que celle d'*Auburtin*, quand il me dit *brutal*. Au lieu de me reprocher l'escroquerie d'un certificat de civisme, tu devrais oser faire le procès de ceux qui me l'ont donné ; de même qu'au Général Desbureaux et aux conseils d'administration des autres corps, qui ont constaté la fausseté de mes accusations, mon intelligence et mon civisme. Tu devrais dire pourquoi je l'ai démérité : ô *Laver!* ce n'est pas avec des mots, mais avec des faits, qu'on attaque un citoyen, qui n'est entré que comme simple volontaire, après la formation du bataillon, et qui par son civisme, par des peines qu'il a pris pour former ses frères d'armes, parvint successivement de grade en grade, à celui de Chef de bataillon, et à ton regret. Moi, je ne te parlerez pas de ton certificat de civisme ; je le respecte : il fait l'éloge de ta conduite depuis ton retour. Je voudrais seulement que pour faire sortir ta valeur et ton intelligence, tu ne dépréciât pas le Capitaine Génot (3), que je connais pour un brave sans-culotte et un preux soldat : je ne voudrais pas que tu attaque Morez, aussi brave et certainement plus intelligent que toi pour ses fonctions militaires. Je dirai seulement, en passant, que ce certificat ne cite pas l'époque ou tu méritas le titre de sage administrateur d'habillement ; il ne suffit pas, pour le légitimer, de dire qu'on peut servir son pays, aussi bien comme Administrateur d'habillement sédentaire au dé-

---

(3) Se servir d'une épitète aussi méchante que scandaleuse envers son frère d'arme, pour colorer l'utilité de son retour, tandis qu'il n'ignore pas que le conseil a déclaré que ce Capitaine, que *Laver* appèle *inexpérimenté*, a été nommé au commandement du bataillon provisoirement, par le Général Desbureaux : il ne devrait pas ignorer non plus qu'un Officier ne peut quitter son poste sans un ordre supérieur.

pôt, qu'en montant aux retranchemens, et en couchant au bivouac (4).

Pourrons-nous de long-temps oublier que, chargé de l'habillement, tu fus acheter les draps à Metz, tandis que nous étions à Sedan où on les fabrique. Que tu achetas tous les rebuts de boutique; que la plus grande partie des habits, au bout d'un mois, avaient enfin besoin de manches ou d'autres réparations. As-tu donc oublié que le bataillon n'avait payé ses habits en septembre et octobre 1791, que 22, 24 et 27 liv., et d'excellente qualité; et qu'en juin et juillet 1792, la sagesse de ton adminis-

---

(4) Le citoyen *Laver* a dit, dans son mémoire, que sa qualité d'Administrateur le dispensait de coucher au camp et de tout son service, à cause de la surveillance que l'obligeait ses fonctions; que, malgré cela, il coucha au camp et fit son service. Ceux qu'il appèle un grand nombre de gens respectables (si six ou huit sont un grand nombre) ne couchèrent au camp que pour la nouveauté de coucher sous la toile, et seulement pendant la saison du printemps. Il n'y eût que ceux qui ne craignaient pas la boue qui y couchèrent habituellement.

Quand au prétexte que donne *Laver* pour son service, il est de toute nullité; puisque les troupes, quoique campées, étaient sensées garnison, faisaient le service en ville; et que jamais Officier Administrateur n'en fût dispensé.

Pour sa surveillance, elle devenait également nulle, puisqu'il couchait chez un Libraire, place d'Armes, et que le magasin du bataillon était situé rue et face de l'hôtel-de-ville. Il lui eût fallu de fines oreilles et tous les yeux d'Argus, pour savoir ce qui s'y passait.

tration les fit payer 39 et 42 liv., de la qualité la plus détestable.

Je me rappelle encore ce jour scandaleux où des volontaires te disaient tranquillement : *Laver*, tu es un *voleur*; d'autres tiraient la bride de ton cheval, qui, sensible au mord, baissait la tête pour répondre *oui* et réparer ton silence : d'autres volontaires disaient ; qu'avons-nous besoin de son cheval pour l'attester, quand nos habits en lambeaux nous servent de preuves non équivoques (5). Tu étais à cheval, tu ne disais mot : sont-ce-là les marques que caractérisent cette fermeté dont tu fais parade dans ton mémoire ? Ne t'ai-je jamais rien fait régorger sur tes comptes ; n'est-ce pas cette raison qui t'a fait saisir l'instant que j'étais malade pour les présenter à mon absence ? Maintenant tu peux t'unir avec *Auburtin*, et tous deux ensemble m'appeler *un brutal*. Mais aussi *Laver*, pourquoi viens-tu m'attaquer, et me forcer, au-lieu de chanter tes jours d'innocence, de rappeler tes jours scandaleux ?

Je t'ai reproché un peu d'ambition : c'est ton précipité retour qui m'y a fait croire. Souvent je me demande comment *Laver*, toujours malade quand il fallait obéir, rejoint-il si vite pour commander ? et comment il a fait pour ne pas troquer sa bouteille accoutumée avec le picotin de *Rosinante*, qui n'a pas fait un faux-pas dans sa

---

(5) Si les signataires du certificat de *Laver* eussent reçu des habits qui excitaient ces murmures scandaleux, l'eussent-ils signé sans se dire : *je signe ma condamnation !*

route? L'énigme me paraît facile à résoudre : l'ambition leur avait donné du sang-froid et des aîles? *Rosinante* et *Laver*, ou *Laver* et *Rosinante*, allaient me remplacer.

Trêve de plaisanteries, et finissons par aborder la question où la perfidie de mes ennemis m'a réduit.

Je suis accusé, je dois être jugé : pourquoi tarde-t-on de me mettre en jugement. Pourquoi les dénonciateurs de faits aussi graves que calomnieux, ne se présentent-ils pas pour constater mes crimes? Pourquoi ne viennent-ils pas suppléer par leur témoignage, à une série de questions trop lentes, si je suis coupable, bien criminelle parce que je suis innocent.

O *Laver*, ta conduite est fixée au coin de la réprobation; c'est toi qui m'a forcé de te signaler, et si tu ne t'impose une impartialité nécessaire dans mon procès, je serai obligé de suspecter tes démarches contre moi. La justice vraiment à l'ordre du jour, me punira si je suis coupable, et confondra mes ennemis, même ceux qui me traitent de *Libelliste*, quand mon innocence sera constatée.

Fait à la maison d'arrêt militaire, le 16 Frimaire, l'an trois de la République française, une et indivisible.

*Le Chef du deuxième bataillon de la Moselle,*
SANÇEY.

A METZ, de l'Imprimerie de Verronnais.

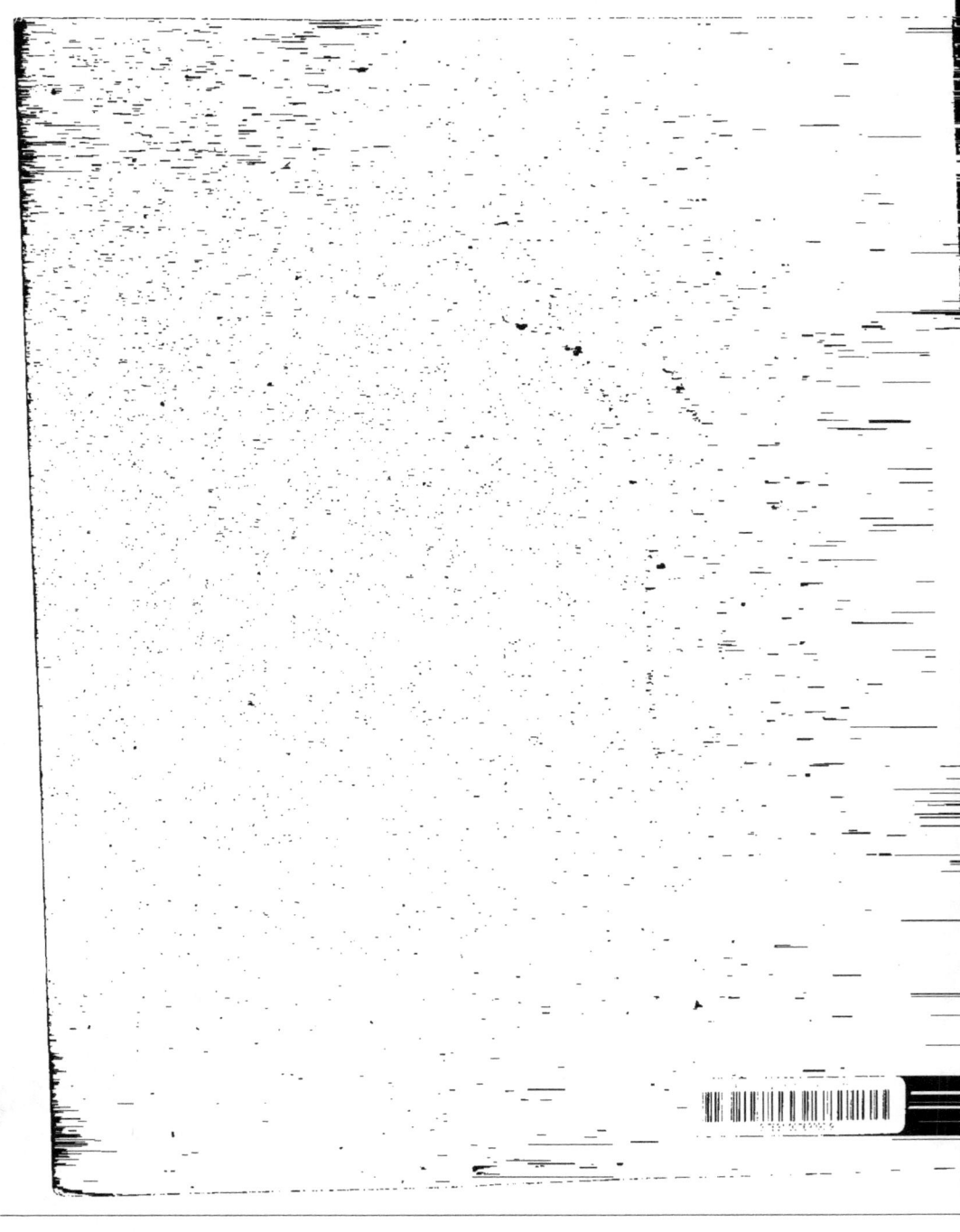

www.ingramcontent.com/pod-product-compliance
Lightning Source LLC
Chambersburg PA
CBHW071437060426
42450CB00009BA/2215